2022

_____

January

M	T	W	T	F	S	S
					1	2
3	4	5	6	7	8	9
10	11	12	13	14	15	16
17	18	19	20	21	22	23
24	25	26	27	28	29	30
31						

February

M	T	W	T	F	S	S
1	2	3	4	5	6	
7	8	9	10	11	12	13
14	15	16	17	18	19	20
21	22	23	24	25	26	27
28						

March

M	T	W	T	F	S	S
	1	2	3	4	5	6
7	8	9	10	11	12	13
14	15	16	17	18	19	20
21	22	23	24	25	26	27
28	29	30	31			

April

M	T	W	T	F	S	S
				1	2	3
4	5	6	7	8	9	10
11	12	13	14	15	16	17
18	19	20	21	22	23	24
25	26	27	28	29	30	

May

M	T	W	T	F	S	S
						1
2	3	4	5	6	7	8
9	10	11	12	13	14	15
16	17	18	19	20	21	22
23	24	25	26	27	28	29
30	31					

June

M	T	W	T	F	S	S
		1	2	3	4	5
6	7	8	9	10	11	12
13	14	15	16	17	18	19
20	21	22	23	24	25	26
27	28	29	30			

July

M	T	W	T	F	S	S
				1	2	3
4	5	6	7	8	9	10
11	12	13	14	15	16	17
18	19	20	21	22	23	24
25	26	27	28	29	30	31

August

M	T	W	T	F	S	S
1	2	3	4	5	6	7
8	9	10	11	12	13	14
15	16	17	18	19	20	21
22	23	24	25	26	27	28
29	30	31				

September

M	T	W	T	F	S	S
			1	2	3	4
5	6	7	8	9	10	11
12	13	14	15	16	17	18
19	20	21	22	23	24	25
26	27	28	29	30		

October

M	T	W	T	F	S	S
					1	2
3	4	5	6	7	8	9
10	11	12	13	14	15	16
17	18	19	20	21	22	23
24	25	26	27	28	29	30
31						

November

M	T	W	T	F	S	S
	1	2	3	4	5	6
7	8	9	10	11	12	13
14	15	16	17	18	19	20
21	22	23	24	25	26	27
28	29	30				

December

M	T	W	T	F	S	S
			1	2	3	4
5	6	7	8	9	10	11
12	13	14	15	16	17	18
19	20	21	22	23	24	25
26	27	28	29	30	31	

DATE	NOTES

27 MONDAY

28 TUESDAY

29 WEDNESDAY

DECEMBER 2021 - JANUARY 2022

30 THURSDAY

31 FRIDAY

01 SATURDAY

02 SUNDAY

JANUARY 2022

03 MONDAY

04 TUESDAY

05 WEDNESDAY

JANUARY 2022

06 THURSDAY

07 FRIDAY

08 SATURDAY

09 SUNDAY

JANUARY 2022

10 MONDAY

11 TUESDAY

12 WEDNESDAY

JANUARY 2022

13 THURSDAY

14 FRIDAY

15 SATURDAY

16 SUNDAY

17 MONDAY

18 TUESDAY

19 WEDNESDAY

JANUARY 2022

20 THURSDAY

21 FRIDAY

22 SATURDAY

23 SUNDAY

JANUARY 2022

24 MONDAY

25 TUESDAY

26 WEDNESDAY

JANUARY 2022

27 THURSDAY

28 FRIDAY

29 SATURDAY

30 SUNDAY

JANUARY - FEBRUARY 2022

31 MONDAY

01 TUESDAY

02 WEDNESDAY

FEBRUARY 2022

03 THURSDAY

04 FRIDAY

05 SATURDAY

06 SUNDAY

FEBRUARY 2022

07 MONDAY

08 TUESDAY

09 WEDNESDAY

FEBRUARY 2022

10 THURSDAY

11 FRIDAY

12 SATURDAY

13 SUNDAY

FEBRUARY 2022

14 MONDAY

15 TUESDAY

16 WEDNESDAY

FEBRUARY 2022

17 THURSDAY

18 FRIDAY

19 SATURDAY

20 SUNDAY

FEBRUARY 2022

21 MONDAY

22 TUESDAY

23 WEDNESDAY

FEBRUARY 2022

24 THURSDAY

25 FRIDAY

26 SATURDAY

27 SUNDAY

28 MONDAY

01 TUESDAY

02 WEDNESDAY

MARCH 2022

03 THURSDAY

04 FRIDAY

05 SATURDAY

06 SUNDAY

MARCH 2022

07 MONDAY

08 TUESDAY

09 WEDNESDAY

MARCH 2022

10 THURSDAY

11 FRIDAY

12 SATURDAY

13 SUNDAY

MARCH 2022

14 MONDAY

15 TUESDAY

16 WEDNESDAY

MARCH 2022

17 THURSDAY

18 FRIDAY

19 SATURDAY

20 SUNDAY

MARCH 2022

21 MONDAY

22 TUESDAY

23 WEDNESDAY

MARCH 2022

24 THURSDAY

25 FRIDAY

26 SATURDAY

27 SUNDAY

MARCH 2022

28 MONDAY

29 TUESDAY

30 WEDNESDAY

31 THURSDAY

01 FRIDAY

02 SATURDAY

03 SUNDAY

APRIL 2022

04 MONDAY

05 TUESDAY

06 WEDNESDAY

APRIL 2022

07 THURSDAY

08 FRIDAY

09 SATURDAY

10 SUNDAY

APRIL 2022

11 MONDAY

12 TUESDAY

13 WEDNESDAY

APRIL 2022

14 THURSDAY

15 FRIDAY

16 SATURDAY

17 SUNDAY

APRIL 2022

18 MONDAY

19 TUESDAY

20 WEDNESDAY

21 THURSDAY

22 FRIDAY

23 SATURDAY

24 SUNDAY

APRIL 2022

25 MONDAY

26 TUESDAY

27 WEDNESDAY

28 THURSDAY

29 FRIDAY

30 SATURDAY

01 SUNDAY

MAY 2022

02 MONDAY

03 TUESDAY

04 WEDNESDAY

05 THURSDAY

06 FRIDAY

07 SATURDAY

08 SUNDAY

MAY 2022

09 MONDAY

10 TUESDAY

11 WEDNESDAY

MAY 2022

12 THURSDAY

13 FRIDAY

14 SATURDAY

15 SUNDAY

MAY 2022

16 MONDAY

17 TUESDAY

18 WEDNESDAY

MAY 2022

19 THURSDAY

20 FRIDAY

21 SATURDAY

22 SUNDAY

MAY 2022

23 MONDAY

24 TUESDAY

25 WEDNESDAY

MAY 2022

26 THURSDAY

27 FRIDAY

28 SATURDAY

29 SUNDAY

30 MONDAY

31 TUESDAY

01 WEDNESDAY

JUNE 2022

02 THURSDAY

03 FRIDAY

04 SATURDAY

05 SUNDAY

JUNE 2022

06 MONDAY

07 TUESDAY

08 WEDNESDAY

JUNE 2022

09 THURSDAY

10 FRIDAY

11 SATURDAY

12 SUNDAY

JUNE 2022

13 MONDAY

14 TUESDAY

15 WEDNESDAY

JUNE 2022

16 THURSDAY

17 FRIDAY

18 SATURDAY

19 SUNDAY

JUNE 2022

20 MONDAY

21 TUESDAY

22 WEDNESDAY

JUNE 2022

23 THURSDAY

24 FRIDAY

25 SATURDAY

26 SUNDAY

JUNE 2022

27 MONDAY

28 TUESDAY

29 WEDNESDAY

JUNE - JULY 2022

30 THURSDAY

01 FRIDAY

02 SATURDAY

03 SUNDAY

JULY 2022

04 MONDAY

05 TUESDAY

06 WEDNESDAY

JULY 2022

07 THURSDAY

08 FRIDAY

09 SATURDAY

10 SUNDAY

11 MONDAY

12 TUESDAY

13 WEDNESDAY

JULY 2022

14 THURSDAY

15 FRIDAY

16 SATURDAY

17 SUNDAY

JULY 2022

18 MONDAY

19 TUESDAY

20 WEDNESDAY

JULY 2022

21 THURSDAY

22 FRIDAY

23 SATURDAY

24 SUNDAY

JULY 2022

25 MONDAY

26 TUESDAY

27 WEDNESDAY

JULY 2022

28 THURSDAY

29 FRIDAY

30 SATURDAY

31 SUNDAY

AUGUST 2022

01 MONDAY

02 TUESDAY

03 WEDNESDAY

AUGUST 2022

04 THURSDAY

05 FRIDAY

06 SATURDAY

07 SUNDAY

AUGUST 2022

08 MONDAY

09 TUESDAY

10 WEDNESDAY

AUGUST 2022

11 THURSDAY

12 FRIDAY

13 SATURDAY

14 SUNDAY

AUGUST 2022

15 MONDAY

16 TUESDAY

17 WEDNESDAY

AUGUST 2022

18 THURSDAY

19 FRIDAY

20 SATURDAY

21 SUNDAY

AUGUST 2022

22 MONDAY

23 TUESDAY

24 WEDNESDAY

AUGUST 2022

25 THURSDAY

26 FRIDAY

27 SATURDAY

28 SUNDAY

AUGUST 2022

29 MONDAY

30 TUESDAY

31 WEDNESDAY

SEPTEMBER 2022

01 THURSDAY

02 FRIDAY

03 SATURDAY	04 SUNDAY

SEPTEMBER 2022

05 MONDAY

06 TUESDAY

07 WEDNESDAY

SEPTEMBER 2022

08 THURSDAY

09 FRIDAY

10 SATURDAY

11 SUNDAY

SEPTEMBER 2022

12 MONDAY

13 TUESDAY

14 WEDNESDAY

SEPTEMBER 2022

15 THURSDAY

16 FRIDAY

17 SATURDAY

18 SUNDAY

SEPTEMBER 2022

19 MONDAY

20 TUESDAY

21 WEDNESDAY

SEPTEMBER 2022

22 THURSDAY

23 FRIDAY

24 SATURDAY

25 SUNDAY

SEPTEMBER 2022

26 MONDAY

27 TUESDAY

28 WEDNESDAY

SEPTEMBER - OCTOBER 2022

29 THURSDAY

30 FRIDAY

01 SATURDAY

02 SUNDAY

OCTOBER 2022

03 MONDAY

04 TUESDAY

05 WEDNESDAY

OCTOBER 2022

06 THURSDAY

07 FRIDAY

08 SATURDAY

09 SUNDAY

OCTOBER 2022

10 MONDAY

11 TUESDAY

12 WEDNESDAY

OCTOBER 2022

13 THURSDAY

14 FRIDAY

15 SATURDAY

16 SUNDAY

OCTOBER 2022

17 MONDAY

18 TUESDAY

19 WEDNESDAY

OCTOBER 2022

20 THURSDAY

21 FRIDAY

22 SATURDAY

23 SUNDAY

OCTOBER 2022

24 MONDAY

25 TUESDAY

26 WEDNESDAY

OCTOBER 2022

27 THURSDAY

28 FRIDAY

29 SATURDAY

30 SUNDAY

OCTOBER - NOVEMBER 2022

31 MONDAY

01 TUESDAY

02 WEDNESDAY

NOVEMBER 2022

03 THURSDAY

04 FRIDAY

05 SATURDAY

06 SUNDAY

NOVEMBER 2022

07 MONDAY

08 TUESDAY

09 WEDNESDAY

NOVEMBER 2022

10 THURSDAY

11 FRIDAY

12 SATURDAY

13 SUNDAY

NOVEMBER 2022

14 MONDAY

15 TUESDAY

16 WEDNESDAY

NOVEMBER 2022

17 THURSDAY

18 FRIDAY

19 SATURDAY

20 SUNDAY

NOVEMBER 2022

21 MONDAY

22 TUESDAY

23 WEDNESDAY

NOVEMBER 2022

24 THURSDAY

25 FRIDAY

26 SATURDAY

27 SUNDAY

NOVEMBER 2022

28 MONDAY

29 TUESDAY

30 WEDNESDAY

DECEMBER 2022

01 THURSDAY

02 FRIDAY

03 SATURDAY

04 SUNDAY

DECEMBER 2022

05 MONDAY

06 TUESDAY

07 WEDNESDAY

DECEMBER 2022

08 THURSDAY

09 FRIDAY

10 SATURDAY

11 SUNDAY

DECEMBER 2022

12 MONDAY

13 TUESDAY

14 WEDNESDAY

DECEMBER 2022

15 THURSDAY

16 FRIDAY

17 SATURDAY

18 SUNDAY

DECEMBER 2022

19 MONDAY

20 TUESDAY

21 WEDNESDAY

DECEMBER 2022

22 THURSDAY

23 FRIDAY

24 SATURDAY

25 SUNDAY

DECEMBER 2022

26 MONDAY

27 TUESDAY

28 WEDNESDAY

DECEMBER 2022 - JANUARY 2023

29 THURSDAY

30 FRIDAY

31 SATURDAY

01 SUNDAY

CONTACTS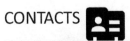

NAME	INFO

CONTACTS

NAME	INFO

CONTACTS

NAME	INFO

CONTACTS

NAME	INFO

NOTES

NOTES

NOTES

NOTES

NOTES

NOTES

Made in the USA
Monee, IL
13 December 2021